LA VIDA Y SU VERDAD

LA VIDA Y SU VERDAD

OBSCURIDAD QUE RESPLANDECE

Duá

2024

CREDITOS

© DECF-DUÁ
LA VIDA Y SU VERDAD. Obscuridad que
resplandece
ISBN Libro en papel: 978-84-685-8517-8
ISBN eBook en PDF: 978-84-685-8518-5
Impreso en España
Editado por Bubok Publishing S.L

INDICE

DEDICATORIA

A la razón de mi vida;
mi Dios, por Ser.
A Manuel y Carlos;
mis hijos, por Estar.
A la humanidad toda por,
al fin, ver la luz.

AGRADECIMIENTO

En este segundo libro, agradezco a Dios por su infinita misericordia; a mis leales amigas Sabrina y Manuela; a las personas que leyeron el primer libro y a Bubok, Editorial que me orientó y posibilitó la publicación del primero. A todos, mis más sinceros agradecimientos.

INTRODUCCION

Porque la luz llegó, sí que llegó como ese gran e inmenso poder que ilumina al nacer el día y da calor y vida a la vida, pero llegó de a poco, justamente, así como sucede cuando amanece, pues ni más ni menos.

No estoy contrariando las sagradas Escrituras, es solamente que siempre se la ha tomado al pie de la letra y cuando se discierne se lo hace de acuerdo al propio entendimiento humano sin poner ni pensar en las cosas de Dios, sin tomar en cuenta que Dios no es claro.

> No se trata de hacer comparaciones, no hay forma; solo trato de decir lo que fue, lo que es, lo que servirá, -de eso estoy muy segura-, para lo que será.

La vida no tiene límites para la vida, pero la existencia vivida para los humanos si, y mi presencia está llegando a su límite y mi temor no es dejar de existir sino, no dejar este legado entregado para que se cumpla con la voluntad de la vida.

Obscuridad que resplandece

Porque ya es hora que la humanidad sepa que cuando en su palabra reza "Hágase la Luz" no se refiere la luz del día sino a LA VERDAD o ¿Acaso cuando se vive desconociendo la verdad no se vive en obscuridad?

Los invito a que se ubiquen antes del amanecer cuando es total la obscuridad y pongan una cámara lenta muy lenta hasta la llegada de nuestro Astro Rey. Ahora pongan, ese tiempo desde la obscuridad hasta la total claridad en millones y millones de vidas.

Así fue como llegó la luz, esa que conocemos como el día y los seres que van a conocer, allí así existieron sintiendo, viviendo y padeciendo hasta dejar de existir en la más absoluta obscuridad y no, para ellos no era problema. ¿Los cadáveres? Nada, también en eso eran obscuros porque eran solo vida, sin entendimiento ni razón. En nuestros inicios, ni si quiera sabían porque estaban, solo existían y dejaban de existir siendo solo vida.

Fue así millones y millones de vidas y de a poco pasando millones y millones y millones de vidas que evolucionando de a poco empezó la razón y con la razón el entendimiento y con el entendimiento el daño más la preparación llegó la maldad.

Lo que aquí van a conocer, -que quede muy claro-, no es el inicio de lo que conocemos como el planeta tierra, es ya el después de los primeros indicios de vida.

Éramos como animales, pero no éramos animales. Solo y sencillamente éramos humanos en evolución porque eso es lo que somos: seres de evolución. Naciendo, creciendo, reproduciendo y muriendo.

"Nunca Quieran disfrazar una verdad por más horrible que ésta sea"

1. ERA DE LA OBSCURIDAD

Parte Uno

E s imposible lograr poner, como deseo, todo; más, aquí fue el más absoluto infierno. Todo monte, absolutamente obscuro; humanos, absolutamente cero; haceres, absolutamente nada, pero vegetación, absolutamente puestas. Allí, todo comenzó.

Era una, así como decir, aldea; así, así, así comenzó ese fin. Después de millones y millones de tiempos, las terribles lombrices, creadas en esa tierra sumamente fértil de CUATRO cabezas. Pasaron millones y millones más de tiempos cuando esas espantosas, horrorosas, feas lombrices se pudieron aparear.

Allí comenzó esa faena porque nacían más agresivas cada vez. Eran feas, grotescas criaturas; las primeras solo enormes, sin medidas, sin nada más que sus horripilantes presencias, eran así como elefantes, pero sin su trompa ni extremidades. Después aquellos grotescos animales, de muchas formas, pero solo CUATRO extremidades. Estos animales nunca conocieron el descanso y su existencia fue muy corta debido a que si se caían no podían levantarse y morían irremediablemente siendo presas de sus mismos y los que lograban crecer morían sin conocer el descanso.

Así, después de millones, millones, millones de tiempos, la vida de estos seres de la obscuridad siguió con su proceso. Como podrán entender, la luz, esa que se conoce como el día, no llegó de un momento a otro y está escrito, solo que se la ha tomado al pie de la letra o al entendimiento de quienes a su cargo ha estado.

Porque la oscuridad a la que se refieren las Sagradas Escrituras lo dice muy claro, *¿Qué tienen en común la justicia y la maldad? ¿O qué comunión puede tener* la **luz** *con la* **oscuridad?**

"Dios es **luz** *y en él no hay ninguna* **oscuridad"**.

"Si afirmamos que tenemos comunión con él, pero vivimos en la **oscuridad***, mentimos y no ponemos en práctica la* **verdad"**.

Cuando Dios dijo "SEAN LA LUZ" dijo: SEAN SINCEROS, porque luz es verdad, es Dios y Dios, solo lo bueno. No estoy tomando las Leyes Sagradas solo por hacerlo; simplemente estoy poniendo el discernimiento que no tienen.

Fueron OCHO los líderes que existieron en este lapso del tiempo y describiré sus estares y sus haceres, también les pondré nombres para diferenciarlos porque algunos son casi iguales, pero no su creación. Eso, solo Dios.

Esta es la tarea de Duá, porque los escritores forjan su deseo en sus redacciones y Duá exterioriza.

Las imágenes son tomadas de Google y modificadas, de acuerdo a como eran, no exactamente, pero si muy parecidos. No se dibujar, razón por la que me veo obligada a poner imágenes retocadas.

Espero no haya inconvenientes por esto y me sepan entender porque mucho debo tomar de Google para que, quien lee, pueda ubicar los sitios, que demás está decirles, sus creadores no le ponían nombres porque ni hablaban, éramos como animales, solo viviendo y haciendo nuestro sentir. Por consiguiente, los nombres de los lugares son puestos hoy por los estudiosos y así es como debe ser.

Los nombres son puestos por los lugares que ahora son, por personas dedicadas a este fin y porque, con el entendimiento, era justo y necesario "Señalar" los espacios en la tierra.

Antes, como podrán apreciar, los seres humanos en evolución también señalaban, pero a su modo, según su deseo y necesidad. Pero es que ellos hacían lo que su condición de irracionalidad, les permitía.

Parte Dos

Los seres humanos, en evolución, de los que conocerán en este libro, existieron, crecieron, se reproducían y morían sin conocer esa condición. Tal cual la vegetación que crecía de forma desmesurada y enorme, mismas que, al inicio, servían como alimento.

VOVU NEE

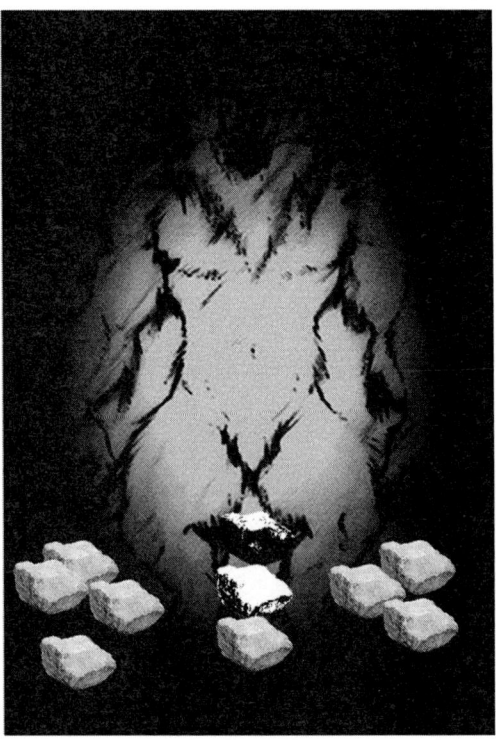

Inmenso como su vida y hermoso como la misma; así es este ser humano en evolución, el primer líder desde que la vida es vida y empezó con la creación de sus Seres y de todo lo que tiene vida. Su rostro no se puede ver porque está cubierto de largos vellos matizados entre negro y plomo, pero se asemeja a los gatos. Las hembras no tenían pelos en el cuerpo, eran puro cabello tan largo que se cubrían con él.

Obscuridad que resplandece

VOVU NEE, como lo llamaremos, porque son OCHO y debo distinguirlos por sus nombres para evitar, en adelante, confusiones; es un ser humano en evolución, sin ápice de raciocinio, sin un lenguaje que no sea el chirrido que escucha se los insectos con los que convive y así mismo con toda su innumerable prole.

Igual que animales y con los animales, así pasó la vida de los seres vivos en la obscuridad o inicio de la vida, por eso a esta parte se la ha señalado como ERA DE LA OBSCURIDAD O INICIO.

Los seres humanos, desde su inicio, se diferenciaron de los animales; en primer lugar, por el ciclo de apareamiento, porque mientras los animales lo tienen, los humanos siempre están en celo.

Su procreación era tal que como ratas se reproducían, naciendo, creciendo, reproduciéndose y muriendo tal cual las plantas y animales, sin conocer su condición. Vivian por vivir, su apetito voraz los llevó a comer sus propios desperdicios y cadáveres.

Esto fue solo al inicio, en la medida que pasaba el tiempo aparecía más vidas en especies diferentes y, muchos de ellos, repetían lo que hacían su "maestra natura" y no comían cadáveres, pero vivían con y entre ellos porque les daba lo mismo andando que caídos; así como el olor en ellos que se impregnaba en sus abundantes pelajes que no hacían diferencia con los mal olientes caídos.

Y morían por montón, debido al, sin descripción, ambiente que, en esa absoluta obscuridad, vivían. Era una fiebre tan alta que llegaba a brotarle los ojos y TRES días resistían porque irremediablemente morían. No sabían que sucedía porque tampoco entendían y es así como, a través de los siglos, la "peste" ocasionada por tanta insalubridad mató sin clemencia a generaciones enteras.

Las madres amamantaban a sus cachorros igual que ahora, eso es innato en las hembras y en esta Época. Pero cuando algunos de ellos, adultos, ancianos o bebes, enfermaban por picaduras de esos enormes insectos, por caídas, heridos, etc., simplemente sanaban o morían en medio de alaridos y el resto nada, solo vivir y continuar así en medio de muertos en todos sus estados, alimañas que entre las piedras se ubicaban y que únicamente ponían muerte.

Pero la vida es buena y puso a un ser que, mientras existió, puso ayuda y a partir de entonces el resto repetiría sus acciones, VOVU NEE.

Este hermoso ser humano en evolución, supo controlar las muertes buscando espacios vacíos y lejos de muertos, donde los amontonaba y veía la manera de alejarlos y los que se ponían tiesos los mandaba a llevar lo más lejos, obligándolos a cambiar su forma de alimentarse, porque a partir de entonces empezaron a comer vegetación, que era abundante.

Hacía grupos de esas inmensas piedras, para ellos juguete, con la intención de proteger a los suyos, también hiso una cueva donde igualmente hacía sus promontorios de piedras como tratando de ponerles orden o decirles algo, pero nunca la ocuparon porque sus vidas era igual que animales, viviendo por vivir, muriendo sin saber, apareándose sin descanso y a la intemperie.

Lo del apareamiento sin descanso era para solo las hembras, porque insaciables es poco y los machos no resistían tanto y debían andar escondiéndose.

Obviamente que nada de lazos de sangre, pero nuestro líder nunca tocó a su madre ni a sus hermanas. Eran hijos de una sola madre con diferentes padres y así con todas las hembras. Pero VOVUNEE era especial y solo veía poner protección en todos.

Sus obras

Cueva del Rio

Esta es su obra, esto es una alacena, aquí depositaban los tiesos para tener un lugar fijo donde buscar alimento. Es en otro lugar, otro asentamiento porque estos líderes no permanecían en un solo sitio, ellos andaban buscando ayudar.

Pasado mucho tiempo todo terminó con la peste y con esa pestilencia la llegada de los enormes carroñeros que barrían con todo. Con la llegada del conocimiento fue ruta de intereses de los buscadores de tesoros y hoy, ruta turística llena de conjeturas.

VOVU NEE, hizo solamente grupos de piedras y cuevas, todo por ayuda. Sin razón, sin hablar, sin más que vivir y morir. Procurando que no anduvieran buscando sus alimentos hacía esas enormes cuevas para allí depositar a los tiesos y tener donde ir directamente a coger sus raciones.

Como la que están viendo, que tachan de "espeluznante" sin imaginar siquiera que era mucho más que eso pero que para estos seres humanos en evolución era su más amado lugar porque, seguro estaban, allí encontrarían sus raciones que, por cierto, solo las hembras buscaban y depositaban para tener a sus machos satisfechos y listos para sus largas jornadas de sexo.

Gavrinis

No hace falta poner más, y no hace falta porque los "eruditos", arqueólogos, científicos ya cuentan con suficiente base para señalar, a que Época pertenecen y quienes sus creadores; además, es tanto que este libro no tendría fin.

Razón por la que, la última Era; es decir, la que estamos y seguirá, es tema para otro libro. Allí iniciamos con más irracionalidad que razón, no obstante, esa condición obscura también, en unos cuantos seres humanos, fue motivo de las más horribles maldades.

El entendimiento llegó y la maldad era peor, no conocía los límites, era tal que fue tomada como diversión. Y en medio de ese infierno, un esclavo faenero se propuso poner orden y, con la presencia del líder de todos los tiempos, logró, no total, su propósito; más, después, con la llegada de la educación, la maldad, simplemente se perfeccionó y, hoy, la toman como a Dios.

Parte Tres

Su pelaje negro, su fisonomía como de esos gorilas cubiertos de largo pelo, su vida la misma porque nada cambiaba a no ser los gigantes insectos y la vegetación. Aun las descomunales lombrices eran de CUATRO cabezas y eran bocados de sus proles, no comían sus cadáveres, pero vivían con y entre ellos, naciendo y muriendo sin más.

VOVU VO

Este líder era grosero, muy gritón y de esa forma se hacía obedecer. Mucho anduvo, más ayudó, pero sumamente más, sus obras están.

Todo hacía mirando lo que podía ayudar, aunque no lo entendían y si obedecían, cuando terminaba y seguía su camino, todo volvía a ser como eran, sin más que vivir a la intemperie y comiendo cadáveres

Sus obras

Chincanas

Este sitio hizo para guarecer del terrible frio a los que vivían en esos parajes. Todo era igual, para ellos la obscuridad era su vida misma.

Las descomunales lombrices hasta de CUATRO cabezas, no eran problema para ellos porque tenían su propio sitio y no les hacían daño; más bien, de ellas aprendían a protegerse bajo la tierra dando paso a sus horribles muertes porque la tierra se derrite y los cubría irremediablemente.

Sigiriyá

Época inicial, sin más que andar buscando comer, puro piedras. En este lugar eran inmensos, sin rostro, únicamente tenían ojos, boca como de esos feos gorilas, cubiertos de largo pelo color café.

Andaban como desalivados, su pene era tan grotesco y grande que erecto era muerte segura, en medio de alaridos por el dolor, razón por la que hacían la meca, la seca y la tutuleca para que se mantenga quieto.

Para aparearse, las hembras lo tomaban sin reparo hasta animarlo y hacían su trabajo en medio de enormes alaridos, de placer, claro. Así, únicamente hacían, ponían, andaban. Fueron total así únicamente, naciendo y muriendo, sin razón, sin nada más que andar buscando comida.

Los humanos en evolución que se asentaban por estos parajes, vivían entre enormes piedras las que movían para poner su porra a descansar mientras amasaban hasta su reposo y sus líquidos se lo tomaban, así calmaban la sed.

La lluvia era escasa y los estanques desaparecían enseguida. Se extinguieron por escases de hijos, idearon la forma de no regar su semen a través de una especie de canal para que calmen la sed.

Cuando VOVUVO vio este lugar y divisó esa enorme piedra, inicio con su más amada obra. Hizo muchas que, bajo el agua, monte adentro y bajo tierra están esperando. Y lo más hermoso, lugares que hoy son visitados y hasta respetados.

Todo era llano y ellos herbívoros, solo hierbas enormes había, pero el frio era insoportable a pesar de ser puro pelos. Así, solo con su sentir y viendo, como las inmensas lombrices se protegían bajo tierra, ellos iniciaron su fin en las piedras haciendo uso de sus poderosas herramientas.

De esa forma también evitaba la muerte de montones de estos seres humanos en evolución, sus mismos, porque, imitando a las lombrices, hacían profundos huecos en la tierra para, supuestamente, protegerse y lo que únicamente conseguían era morir enterrados. Los que lograban salvarse ya no repetían la hazaña.

Parte *Cuatro*

E ste ser humano en evolución, igual que sus anteriores, a excepción de su físico, dedicó su existencia a procurar que sus mismos no comieran cadáveres. Fue un macho Alfa muy solicitado por las hembras en todos los lugares de asentamientos que encontraba en su andar y él les ponía orden, con solo una mirada, para que lo dejen reposar.

NUE VO

Así, menos su nariz, su abundante pelaje color plomo, su corazón tan inmenso como él. Se guardaba en su propia cueva para descansar, de las féminas, cuando no andaba buscando poner fin a la ingesta de cadáveres porque NUE VO solo vegetación y sus raíces comía.

Su existencia solo puso ayuda, su deseo, que sus mismos, en todos los asentamientos por los que él andaba, dejara de comer cadáveres. Era su maestro, les mostraba como hacer y que comer, pero no lograba su cometido porque no lo entendían.

Parte Cinco

Las hembras eran seres humanos en evolución absolutamente forradas de pelos con diferencia de los machos por su enorme y abundante cabellera que las cubría toda y servía cono "sábanas" a sus cachorros. Eran sumamente libidinosas, razón por la que se dedicaban a "trabajar" buscando sus bocados y realizando tareas que deberían ser de machos, pero ellos también necesitaban descansar del agotador trabajo de aparearlas.

INRI

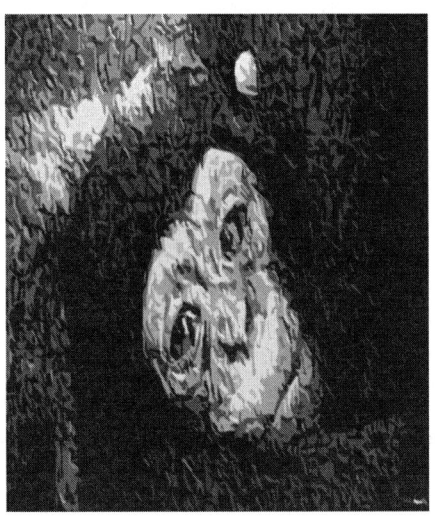

Cubierta con su largo cabello negro y su tristeza en los ojos, esta enorme humano en evolución buscaba proteger a los suyos formando círculos con piedras, como señalando donde deberían estar sin moverse para no ser atacados por las alimañas de ese obscuro mundo en el que vivían.

En ese lugar eran así, muy parecidos, pero humanos y esta hembra de ojos tristes, era su Líder. Ella nunca se dejó tocar por ningún macho y hacía una especie de choza con las enormes hojas y ramas la que rodeaba con piedras para protegerse y sabiendo que de esa forma los machos no se atrevían a invadirla.

Solo se escuchaban lamentos, pero de placer, porque no hablaban solo emitían sonidos imitando a los insectos y animales con los que convivían. Prácticamente no descansaban porque era una reacción en cadena, se apareaban como animales y viendo también querían.

Los machos, en especial el líder, tenían que esconderse para poder descansar porque las libidinosas hembras no los dejaban en paz, una lo dejaba y la otra lo agarraba sin reparos hasta hacerlos reaccionar, situación que, muchas veces, para ellos era totalmente incómodo.

Por esta razón las féminas hacían las tareas de ellos mientras los pobres machos descansaban y cuidaban a los cachorros. Pero no siempre era así porque los había también muy preocupados por sus proles y las ponían en orden para que dejen de molestar.

Había uno que cuando ya no podía seguir, las miraba con rabia y las lujuriosas hembras no se atrevían ni a moverse porque su macho preferido, con solo una mirada, las detenía.

Sin embargo, el circulo que utilizaba ella era especial. Como líder, muy temida y como hembra, peor. No tuvo descendencia y no permitía que macho alguno la toque. También se alimentaba de cadáveres, eso era inevitable dado a sus condiciones de irracionalidad y poderoso tamaño que ocasionaba su atroz apetito. Nada los colmaba, solo pasaban rumiando y apareándose.

Este era su lugar exclusivo, como decimos ahora, sagrado. En el centro su covacha forrada con unas enormes hojas que sostenía con ramas y las piedras, como límite, para que los machos no se acerquen.

El resto de la manada, unos la imitaban, los demás solo esos círculos donde debían permanecer, especialmente los cachorros, para evitar que las alimañas los ataquen.

Cuando parían era como con los animales, igual. Protegían a sus cachorros, los amamantaban y cubrían con sus largos cabellos y también utilizaban las inmensas hojas para cubrirlos cuando llovía que era muy seguido y copiosamente.

Obscuridad que resplandece

Sus obras

Círculos de piedras   Cuevas de Son Doong

El frio, en aquella Época era inclemente muy a pesar de su pelaje debían amontonarse como sapos para calentarse, pero su líder supo y pudo realizar sus protecciones que, en este caso, no logró porque era peor el frio, pero si consiguió protegerlos de las inclemencias de la naturaleza y todos hacían viéndola a ella.

No obstante, esta líder valerosa solo ocupaba su propio circulo, ese que la mantenía segura y que, a pesar de la irracionalidad de todos, nadie se atrevía a tocar. Allí, ella se hacía una rosca y descansaba con los ojos cerrados, aunque despierta, siempre alerta, siempre pendiente, siempre lista para ayudar.

Parte Seis

Todo seguía igual con la diferencia que seguían haciendo covachas para cubrirse, después, todo igual. Su ingesta de cadáveres, las hembras trabajando y los machos machotes descansando, cuidando de sus cachorros e inventando la manera de calmarlos y mantenerlos quietos porque eran sin control, igual que todos los niños, sin conseguirlo.

NE

Un peluche gigante, igual a sus anteriores. A este Líder, le encantaban los animales y, en especial los tigres que para ellos era como para nosotros los gatos. En su andar buscando como ayudar, encontró un cachorro de tigre y lo adoptó.

Era su hijo amado, lo acompañaba siempre y comían lo mismo hasta que dejó de existir, ya viejo y lento. NE, lo cargó en sus brazos hasta que el animal empezó a descomponerse procediendo a envolverlo entre inmensas hojas para dejarlo en su lugar favorito, su cueva.

Desde siempre los seres humanos hemos aprendido de los animales y en todas las especies. Los insectos de esta Época ya no existen, pero tienen similitud con las termitas. Fue así como NE empezó con su protección y en cada Era y con cada Líder continuaron su maravillosa construcción.

Sus obras

Templo de Bayón 1

Solo hacía este tipo de construcciones guiándose con unos bichos que hacían las suyas. Lo inició NE, en la Era inicial; continuó en la Era Floreciente PAVU; luego en la Era de Piedra, XA; Ya en la Era del Espanto NUE VO; después en la Era del Conocimiento, NUPU; HOY: La vanidad.

POR QUÉ: Únicamente protección.

DE QUÉ: de esas fieras grotescas llamadas dinosaurios, llenos de puntas, tan enormes como una casa de DIEZ pisos que pernoctaban sus alrededores en busca de los desperdicios de cadáveres que ellos dejaban cuando se alimentaban y cuando no encontraban desperdicios entonces los rumiaban vivos, especialmente a los cachorros que se tragaban como grano. NE, viendo tanto dolor se propuso acabar con el mismo.

Aquellos feos rostros los comenzó NUE VO, viendo a una descomunal preciosura, la más grande……pero nunca ni lo miró ¡después, viendo que ponían felicidad, puso otras. Para ellos era como un juego hacerlo, solo obedecían su sentir y lo que deseaban era, únicamente, proteger a los suyos.

Otra de sus grandes obras, las cuevas hechas por, únicamente, protección.

Parte Siete

No conocían los lazos de sangre, eran igual que animales, comían frutas, vivían en chozas hechas con palos, eran feos, muy altos y llenos de pelos, muy dóciles. Tuvo dos hijos y murió. Le encantaban los animales y le gustaba mucho jugar con los corderos, tenía uno que era inseparable, lindísimo color negro, fue su más grande amor. Cuando lo mataron para comer sintió morir de dolor, así como salir agua de sus ojos sin saber que lo que hacía era llorar y que esa agua salobre eran sus lágrimas.

NEVUA

Muy seria, guerrera, gritona, mandona, así era ella, altiva, inmensa, con su hermoso rostro como de felina casi oculto entre su abundante cabello; hembra de un solo macho con DOS hijos.

Seguían igual que al inicio con respecto a su gran tamaño, sin razón, sin saber de risa o de llanto, vivir o morir. Solo sentir y eso en ella era especial porque la hacía actuar como ninguno, solo mirando que todos estén bien.

Sus obras

Las cuevas

Una de sus obras fueron las cuevas, en ésta que ven aquí, la hizo debido al inclemente calor y como sudaban hasta mojar su pelaje, entonces, viendo cómo se protegían los insectos que hacían sus aberturas en la tierra para estar frescos y sin sudar, ella lo hizo en las piedras, acabando así con ese martirio.

Procuraba no sudar y hacía más cuevas, pero esta que ven aquí, únicamente sirvió como parque de diversiones de los cachorros, quienes si se protegían del inclemente calor; más, sus mayores se conformaban con verlos felices.

Parte Ocho

Eran seres sin conciencia, sin luz, sin lazos de sangre sin más motivos que comer, ser como animales para reproducirse, dormir donde les cogía el sueño, comer como si todo fuera muy poco, estar sin conocer. Esta fue la obra de NEVE, sentir miedo, vivir por vivir y estar siempre rodeado de burritos, porque los burros no han cambiado casi nada y para estos gigantes eran como juguetes peludos y negros.

EVE

Así, hermoso e inmenso, miedoso mucho, este ser humano en evolución sentía miedo muy a pesar de que eran como animales viviendo con y entre ellos, sentía miedo.

Y bueno, para que vean lo tan longevo que son los burros adoptó a un borriquito sin su madre y fue su compañero de vida porque nunca se separaba de él, lo amaba con devoción, pero el burrito sucumbió en las garras de los predadores y NEVE sentía más miedo porque a su miedo se sumó en saber que su compañero ya no podría estar junto a él.

Continuó con su sentir sin separarse de los burros que le daban seguridad y compañía, viviendo por vivir, comiendo lo que su borriquito comía, apareando a las hembras y escondiéndose de las mismas cuando el agotamiento no le permitía seguir.

Parte Nueve

Eran seres sin conciencia, sin luz, sin lazos de sangre sin más motivos que comer, ser como animales para reproducirse, dormir donde los cogía el sueño, comer como si todo fuera muy poco, estar sin conocer.

No tenían conciencia de lo que hacían nosotros si la tenemos y hacemos barbaridades, que digo ¡horrores, atrocidades, monstruosidades con conciencia. Por eso, eran puros, limpios, sin malicia, sin otra cosa que vivir y morir.

NEVU

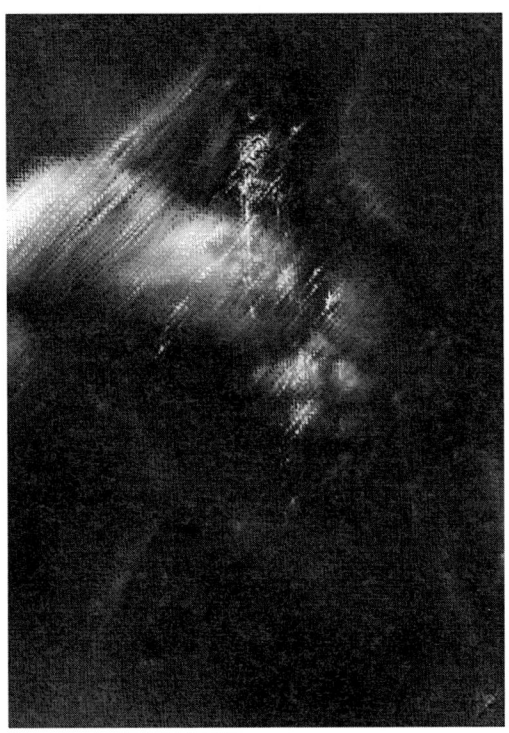

Negro y con cuernos, así era NEVU. Este ser humano en evolución fue el que salvó, en la aldea donde vivía con los suyos, a un par de cachorros que resultaron ser hembra y macho. En aquel lugar comenzó una lluvia que parecía cántaro roto que no cesaba rebosando todo y muriendo ahogados también.

Obscuridad que resplandece

En plena obscuridad y, en medio de muertos y vivos muriendo, animales y todo su habitad, fue para NEVU el sentir de la desesperación y más cuando se tropezó con los dos cachorros de humano tomándolos inmediatamente y sin medir consecuencias los llevó cargados hasta que encontró un lugar sin agua quedándose con ellos.

Continuaron juntos hasta que encontraron un asentamiento y se quedaron. Los niños, hembra y macho, crecieron entre sus nuevos compañeros de vida de la misma forma, viviendo por vivir, sin saber reír o llorar, sin razón, sin mas que reproducirse y morir.

Mientras NEVU siguió su camino haciendo lo que sabía, ayudar a los asentamientos que en su caminar, encontraba. Al inicio todos ponían sus muy amadas piedras, únicamente como señal y todo para poder mantenerlos unidos.

Sus obras

Líneas de piedras

Ese paraíso lo hizo NEVU, allí, únicamente había fojas, árboles inmensos; allí eran más animal que humanos, pero él era sumamente Ley. Solo ayuda, solo mirar que estén bien.

Ese sol que nosotros vemos, no es sol, es un animal lleno de puntas que había en esos parajes y la figura de mujer era una hembra que lo ponía sonso pero que no permitía ni que la mire porque negro y feo. Entonces se puso como el animal con puntas mirando a su diva sin que saliera corriendo.

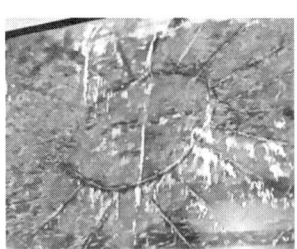
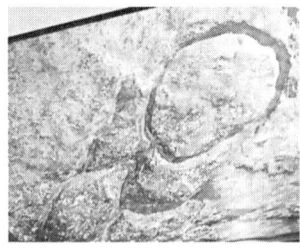

Obscuridad que resplandece

En ese lugar hacía tanto sol que, sin saber consecuencias, puso una terrible serpiente, como sombra para hacer fresco. Todos murieron a causa de esa fiera que puso mirando acabar con calor, buscando abrigo.

Uso de suelo: Agrícola

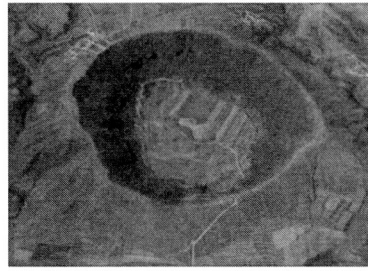

Únicamente buscaban poner abrigo, hicieron OCHO, todas con el mismo fin.

SON
LAS SEIS
DE LA
MAÑANA,
ESTÁ
POR
SALIR
EL SOL

2. ENTRE LA OBSCURIDAD Y LA LUZ

Justamente así, como en el nacimiento de la aurora, así nació el día, debiendo pasar mucho tiempo y con el paso del mismo nuevas creaciones, los humanos evolucionando y viviendo igual y con los animales.

Es aquí, entre la obscuridad y la luz, y así como nace la aurora. Aquí, entre las Eras de la Obscuridad y Floreciente y así, porque es, ni más ni menos, como llegó la luz que nos pone nuestro Rey Sol al nacer el día.

Los seres humanos en evolución, continuaban iguales en su tamaño, su alimentación seguía con cadáveres, con las enormes placentas que salían cuando las hembras parían, vegetación y raíces; más, los apareamientos seguían iguales, solo se escuchaban lamentos de placer porque no paraban.

Y es que esa es la diferencia entre los animales y los seres humanos; los primeros tienen su ciclo de apareamiento mientras que los otros no. Pero si se agotan y ese era uno de sus martirios, no porque no podían sino porque estar activos les ocasionaba hasta la muerte en medio de alaridos de dolor.

Ni Luna ni Sol

Mucho tiempo permaneció la vida en la penumbra; seres humanos en evolución con diferentes características, pero igual que animales en su convivencia.

Durante la penumbra, no hubo líderes que recorrían lugares poniendo ayuda, pero en las proles, no en todas, había un, o una, "alfa" que veía por los suyos. Siempre luchando y sufriendo por los horrorosos y descomunales, hoy, dinosaurios que andaban recorriendo en busca de sus bocados.

Estos animales, el frio sin límites, así como el calor, los obligaba a idear la manera de protegerse. Y allí los insectos eran sus maestros. Ellos miraban como se protegían y lo repetían a su modo con todo y en todo agregando su innato ingenio, pero las hembras eran más laboriosas.

60

En adelante, procuraré poner, únicamente, imágenes de sus obras en este lapso de tiempo. Los motivos ya están dichos y todo era igual. También pondré los nombres que, el conocimiento les ha puesto para identificarlos. Obviamente que en ninguna Era pusieron nombres, eso lo hicieron con el conocimiento necesario más el deseo de Ser y de tener, pero que ha logrado poder, hoy, identificarlos.

Lo que Es

Dicen muchos nombres, dicen fue hecho por seres inventados, dicen locuras sin más que andar inventando. Hacen necedades queriendo poner su razón; y lo peor, hacen daño sabiéndolo. Son innumerable sus obras, aquí solo señalo unas cuantas que, servirán para identificar las Épocas de acuerdo con sus haceres. Pero éstas son de la Era entre la Obscuridad y la luz.

Catalhoyuk

Teotihuacán

Cueva Huatusco

Obscuridad que resplandece

El Enladrillado

Cueva de la Orquídea

¡Y al fin llegó la luz!

Capítulo

3

3. ERA FLORECIENTE

Parte *Uno*

Vuvove

Era un ser humano con su físico normal pero igual en lo demás, inmenso, cubierto de pelos. En ese mundo no había nada solamente agua por la lluvia, era muy hermoso todo, era todo como un hermoso oasis.

Eran muy pocos, no conocían los lazos de sangre, tampoco conocían el amor, eran igual que animales y así se reproducían. Tenían la costumbre de estar sin tener donde habitar solamente dormían y comían lo que podían. Sus padres fueron como en la Época de la Obscuridad.

Fue el primer humano sobre la tierra, con físico humano, fue el único macho que tuvo descendencia humana. Vuvove Tuvo muchos hijos hembras y machos.

Cuando esa fuerte y sin fin torrencial lluvia acabó con todos, en ese lugar del asentamiento de NEVU, en la Obscuridad, sucumbieron todos menos con un par de bebes que salvó, bueno, ellos fueron sus padres, Adán y Eva, eran feos, pero como la luz sin más que comer, dormir y cuidar de sus hijos. Fueron tres, dos machos y una hembra igual seres humanos. Eran mudos, fuertes. Ya había día y noche.

Sus obras tienen también su razón que, en su momento y libro, pondré; más, todo, absolutamente todo fue por protección, ayuda y deseos de hacer.

Sus obras

La llamada Casa de Abraham

La Muralla China

Koikrylgan Kala

Obscuridad que resplandece

Monte Tlaloc

Los Petroglifos

Muro de Adriano

Tumba Antigua en Forma de X

Templo de Borobudur

Asentamiento Vikingo

Obscuridad que resplandece

Hirta

Cueva Vatnaekyudl

Derincuyu

Parte *Dos*

No existía nadie solamente había agua, flores, muchos árboles y los temidos, hoy, dinosaurios que andaban buscando sus bocados. Todo era como una gran pintura de mil colores donde XOTE era feliz ayudando a los suyos y alimentándose, a diferencia de los demás, con flores, vegetación, raíces, frutas. No era mono, solo sus rasgos eran parecidos y cubierto de pelos largos y negros.

Xote

Sus Obras

Parque Arqueológico de Reaqchi

Piedras   en
Gotland

Obscuridad que resplandece

Chichen Itza

Monte Inagala

Los petroglifos

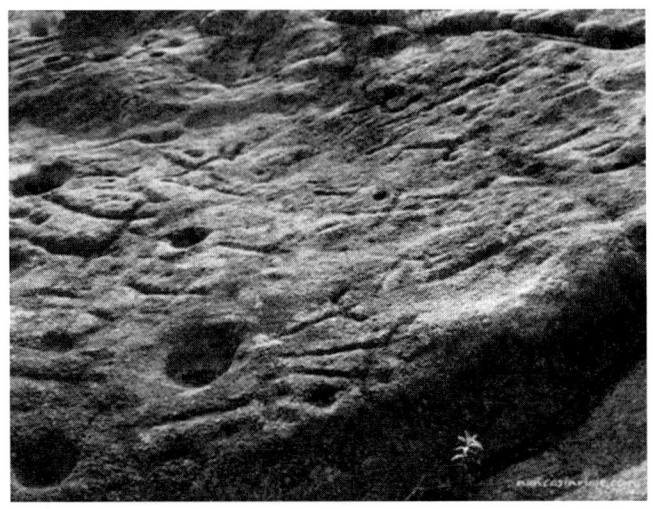

Civilización Olvidada en Arabia

Obscuridad que resplandece

Ucum

Crater Patomsky

Cueva de Skojkan

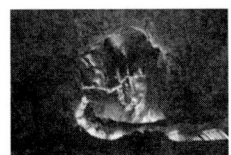

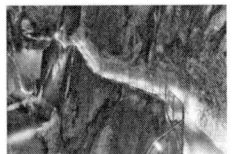

Monte Shoria

El

Obscuridad que resplandece

Ojo del Sahara

Sacsayhuaman

Piedras en Gotland

Cueva de Mármol

Parte *Tres*

Totalmente salvajes, no conocían más que el hambre, la sed, dormir, nacer. morir, eran muy sin conciencia, se comían los cadáveres, se apareaban con cualquier hembra; habitaban en chozas de cualquier rama. Solo tenían una forma de comunicarse, con señales. Eran mudos, y eran hermosos, sus rasgos humanos.

Venu

VENU era muy joven, no le gustaba estar entre los demás, tenía costumbre de comer frutas no comía cadáveres. Desde muy pequeño tuvo la compañía de un, hoy, león, eran inseparables. Cuando tuvo enfermo lo cuidó hasta que murió, no deseaba que nadie lo toque para comerlo.

Tomó su cuerpo en brazos y lo llevó muy lejos donde nadie lo viera, quedándose en ese lugar, su amada cueva.

Era un macho Alfa, muy peleado por las hembras, pero él las ponía en orden y tenían que esperar su turno sin agresiones porque eran CUATRO por día. Tenía que combinar sus tareas protectoras con sus tareas sexuales. Eso sí, cuando se dormía no había manera de despertarlo y su ronquido se mezclaba los gritos de placer de los otros apareándose, porque esa situación no paraba durante el día.

Sus obras

Fortaleza Ibera de Els Vilars

Cairn de Gavrinis

Obscuridad que resplandece

La Piedra Rosetta (primera parte)

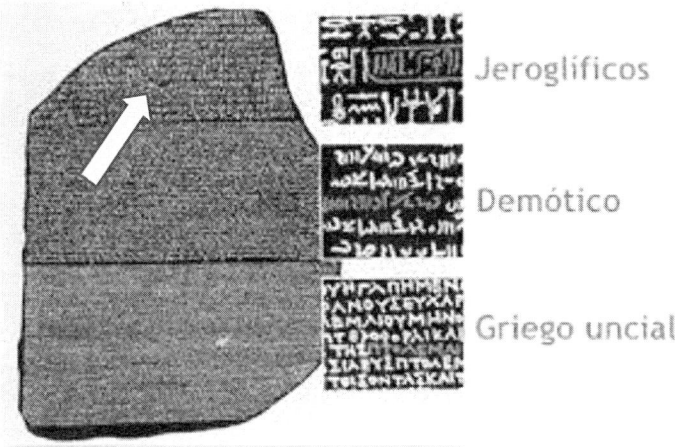

Jeroglíficos

Demótico

Griego uncial

Xunantunich

Estatua de Cibeles (solo los tigres)

Cuevas Crubera

Obscuridad que resplandece

Cueva del Oso

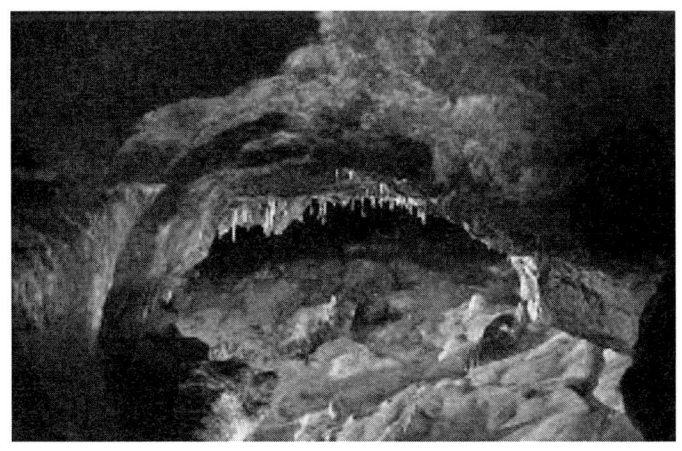

Parte Cuatro

VEVI, ya vivió en un mundo sin ser como animales. Eran muy guapos, tenían donde habitar, pero eran sumamente salvajes. Tomaban por los cabellos a las hembras y las arrastraban sin consideración, eso lo hacían cuando deseaban estar apareando con ellas. No permitían que nadie toque a la mujer que elogian, eran sumamente celosos, sumamente salvajes, eran tan salvajes que continuaban comiendo los cadáveres de sus mismos.

Obscuridad que resplandece

Vevi

Sus Obras

El Objeto del Mar Báltico

Las Ciudades Medievales de Camboya

Obscuridad que resplandece

Los Millares

Toniná

El Secreto del Amazonas

Ingapirca

Obscuridad que resplandece

Kofun de Ojos de Cerradura

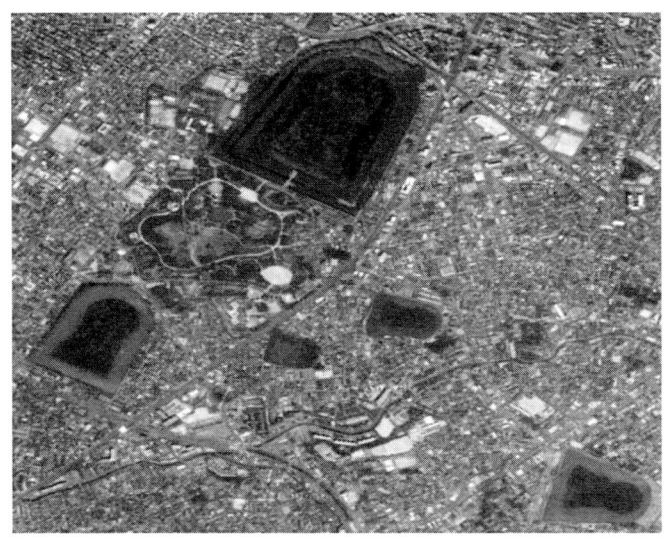

Tumba de Tapilikaya

Yaxchilan

Tzum

Obscuridad que resplandece

Ixtlan del Rio

La Flecha

Holmul

Palacio del Reino de Lan Na

Obscuridad que resplandece

Cárcel de Piedra

Cuevas en Chiapas

Playa de Cuevas

Cueva Phrayanakhon

Obscuridad que resplandece

Edzna

Ciudad Perdida

Las Ventanas de Tisquizoque

Parte Cinco

Pavu

Sus Obras

Dwa – Rka

Conjunto Arqueológico de la Provincia de Espinar

Obscuridad que resplandece

Obelisco Inacabado

Payal

Dolmenes de Antequera

Estructuras de Yonaguny

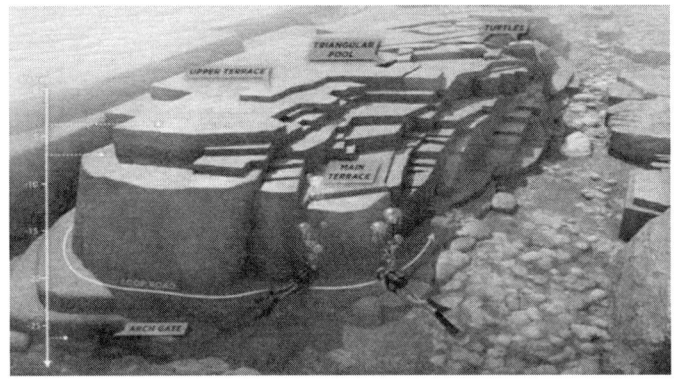

Obscuridad que resplandece

Ruinas de Yonaguni

Mahabalipuram

Círculos de Piedra

Carnac - 2

Obscuridad que resplandece

Templo de Bayon

Templo de Karnataka

Hattiler'den

Machu Pichu

Obscuridad que resplandece

Daraantik Kenty

Leshan Giant Buddha, Sichuan, China

Tenayuca

Aramu Muro

Qotakalli

La Esvástica

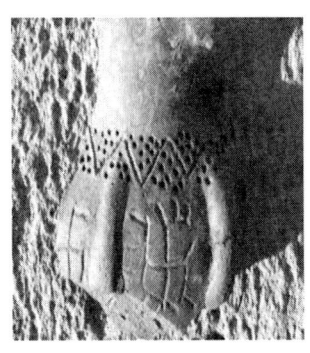

Obscuridad que resplandece

Pozos al Norte de Siberia

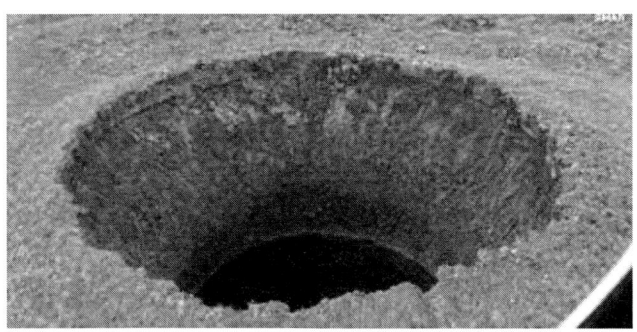

Gigantes Rumanos

Este cráneo es de un humano de la Era de Piedra; ésta prole se alimentaba de hierbas, flores, frutos, raíces y todo lo que los animales comían. Eran inmensos, se asemejaban a los gorilas y llenos de pelos tostados y largos. Vivian por vivir, no tenían lugar fijo porque se la pasaban buscando sus alimentos y a los que morían solamente los dejaban donde caían. En ese lugar había fieras, pero no eran carroñeros y el tiempo se hacía cargo de los cadáveres.

Capítulo

4

CRECEN

LAS PIEDRAS

4. ERA DE PIEDRA

Parte *Una*

Xan

No había aun la plena conciencia y actuaban igual que animales, pero ya utilizaban el fuego que lo hubo desde que el Rey Sol hacía de las suyas en los secadales matando como ratas a quienes alcanzaba y donde no, pues a cocachos con las piedras.

Sus Obras

Círculos de Piedras

Casas Dragón

Obscuridad que resplandece

Teotihuacán 3

Parte Dos

Nevue

Era totalmente diferente a los demás; hablaba, comía frutas solamente, se cubría con piel de los animales que mataban para comer. Era muy sin miedo, guapo, rubio…

Obscuridad que resplandece

Sus Obras

Hititas

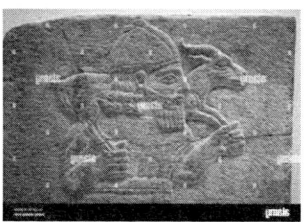

Koikrylgan Kala-2

Ciudad Perdida de Montserrat

Parte Tres

Xa

Hacían cuevas con palo, tierra, piedras, para poder pegar todo esto molían con piedra muchas piedras, eran salvajes. Comían de todo desde frutas hasta sus cadáveres, se cubrían con pieles de los animales que cazaban para comer. Un tigre era su amada mascota.

Todos tenían la costumbre de aparear cualquier hembra, no conocían los lazos de sangre. Cuando lo hacían tomaban una hembra, como con los perros, en cualquier lugar y momento era igual.

Sin sentir, eran como animales, si humanos, pero completamente sin más que vivir. No hablaban solamente decían incoherencias.

Obscuridad que resplandece

Sus obras

Balankú

Pozo de Jacob

Edzna

Gigante de Atacama

Parte **Cuatro**

Nevo

Si, ya eran seres normales, pero no conocían los lazos de sangre, vivían en chozas hechas con palo cubiertas con hojas; apareaban las hembras y después las arrastraban de los cabellos hasta que ya no querían seguir apareando.

En esa vida, los tamaños eran enormes no menos de 4mt. y andaban desnudos además de pelos en todo el cuerpo, en los machos y las hembras con los cabellos larguísimo cubriendo su cuerpo, pero este líder era hermoso, rubio, cabello largo y ensortijado y no tenía barbas, pero si muy velludo.

Sus vestimentas eran una especie de faldita elaboradas con la piel de tigres, mismos que cazaban para comer. No conocían nada, eran sumamente salvajes.

NEVO era enorme y guapísimo, le gustaba ir muy lejos a cazar para comer y también comían sus cadáveres y cuando no tenían que comer mataban a uno de ellos, cualquiera, también para comer, solamente lo hacían, era muy normal. Se comunicaban con gritos, todos eran como animales exactamente.

Como con los anteriores, solo pondré, por ahora, unas cuantas obras, porque después lo haré con sus motivos; es decir, porqué y para qué fueron hechas.

¿Sus herramientas? ¿Hace falta decirlo?

No, no hace falta. Lo realmente importante es que la humanidad, al fin, va a salir de tanta oscuridad; al fin van a conocer la verdad de lo que fue y como fue la vida en un principio y en su caminar; pero, lo más hermoso, saber como fuimos.

Sus obras

Iglesias Talladas en Roca

Oxtankah

Chavin peru

Parte **Cinco**

Vue

Era como la liebre, muy inquieto, jugaba con ellas. Le gustaba ir al rio para mirarse en el agua, ¿es que era muy bonito…qué digo?¡ Era hermoso, sus grandes ojos color café con enormes pestañas, su nariz bonita, todo en este líder inquieto es bonito!

Sus obras

Tablero de Ajedrez

Masada

Cueva de Burrows

Su vida y obras son hermosas y él, como la liebre y poniendo su astucia.

Parte *Seis*

Nepu

Todo era hermoso lleno de color, era el tercero de NUEVE hermanos, de diferentes padres; muy distinto a los demás, tenía por costumbre estar entre los animales, le gustaba un tigre sumamente bonito, muy cariñoso. Ese precioso animal causó su mayor dolor, lo mataron para comer. Era sumamente hermoso, vivían en cuevas hechas con madera, se cubrían con pieles, no conocían los lazos de sangre, hablaban y si, se enamoraban, les gustaba una hembra y la seguían hasta conseguirla, nada más, allí se les quitaba el enamoramiento.

Sus obras

Carnac-3

La Piedra Rosetta (segunda parte)

Obscuridad que resplandece

Uthirakosamangay

Royal Kurgan of Kerch

Parte Siete

Xa

Lindo, rubio, fuerte, altísimo y muy joven, le gustaba andar a caballo. Coqueto mucho tenía muchas mujeres, 12 hijos en tres mujeres. Construían con piedras solamente pegándolas con piedra molida, agua y madera.

Obscuridad que resplandece

Sus obras

Tihaguanaco

Naupa Huaca

Catalhoyuk-3

Nemrut Dag

Obscuridad que resplandece

Templo de Bayon

Comalcalco

Merv

Osirion

Obscuridad que resplandece

Dzibilchaltun

Chichen Itza-2

Nan Madol

Los Mogollones

Obscuridad que resplandece

Gruta Azul

Tumba de Osiris – Osirion

Dzibilchaltun

Naupa Huaca

Gigantes Rumanos

5. ERA DEL ESPANTO

Parte Uno

Era una época sumamente sin más que hacer mal; esto es, guerra por apoderarse de las naciones entre los romanos y feliseos, eran soldados o agricultores y las mujeres dependían de como era su dote, si tenían suficiente las tomaban como esposa sino eran tomadas como esclavas.

Nue Vo

Eran espantosamente malos, hacían horrendos crímenes no conocían más que matar y todo lo hacían por territorio ordenado por sus ambiciosos amos y por comida porque aún ni hablaban, solo decían incoherencias, no existía el dinero y menos los números. Los feliseos eran tan perversos como los romanos. Eran muy guapos, muy fuertes, muy sin sentimientos, solamente conocían el mal.

Pero este líder no, NUE VO hizo tanto que tanto es poco. Inmenso, fuerte, hermoso, divino con su cabello ensortijado y lago. Eran solamente sin más que instinto, muy salvajes. Hacían chozas de caña muy con puntas en la más alta parte para que cuando llovía rodara el agua. Sin nada, muy sin nada, eran igual que animales.

Siempre estaban juntos todos, eran muy sin más que instinto, jamás sabían de quien eran los hijos, solamente apareaban a las hembras sin saber con quién. *(Solo mostraré unas cuantas obras y sobre su vida en el libro correspondiente lo van a poder conocer).*

Obscuridad que resplandece

Sus Obras

Dólmenes

Círculos de piedra

Paquimé

Monte Alvan

Ichkabal

Dzibanché

Guachimontones

Topoxté

Armatambo

Obscuridad que resplandece

El Templo

Perdido

De

Killarumbilloc

Ichkabal

Dzibanché

Dolmenes

Parte Dos

Nepu

A este líder le encantaba construir, esa era su pasión, su entretenimiento, su amor, pero, sobre todo, sabiendo que ponía ayuda.

Y como había todo, hombres, material, sitio, espacio, todo, lo único que tenia que asegurar a sus ayudantes eran sus raciones. Aun continuaban viviendo por vivir, sin razón, sin entendimiento, sin lengua definida solo incoherencias.

Obscuridad que resplandece

Sus obras

Círculos de Piedras

Castillo del Monte

Koikrylgan Kala-3

Gilgamesh

Pirámide del Sol

Xkichmook

Cueva de Movile

Wari

Parte Tres

Xa

Enorme, cobrizo, lleno de pelos y costumbraba colocarse en la cabeza el casco de un jabalí con todo y cuerno.

Sus obras

Hagar Qim y Ggantija

Círculos de Piedras

Obscuridad que resplandece

Ishibutai Kofun

Qim Yggantija

Hagar

Parte Cuatro

Navu

Así, inmenso, con diferencia que esta imagen, (sacada de Google), no tiene pelos cubriendo el cuerpo y el cabello es corto. NAVU era así, no desforme, aunque si jorobado por el tamaño, su erizado y sambo cabello le llegaba por las rodillas y solo cubría sus enormes genitales.

Vivian en cuevas y continuaban con la ingesta de cadáveres, pero NAVU no, él se alimentaba con vegetación, que había abundante e inmensas y raíces.

Vivió para ayudar y proteger a los suyos y a quienes, en sus recorridos, veía necesitaban.

Obscuridad que resplandece

Sus obras

Piedras Misteriosas de Baalbek

Templo Nageswara Swamy

Ruinas de Zimbabue

Templo de Kailasanaihar

Muralla India

Uchoy Kallimarca

Círculos de Piedras

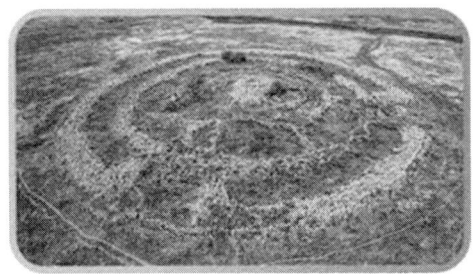

TelBurna

Cueva de Carlsuac

Parte Cinco

Nue vo

Su sitio hermoso, vegetación y aves en infinitas variedades, solo tierra, nada de rocas, solo llanura.

NUE VO inmenso, rubio, de aspecto osco pero un líder ejemplar.

Sus obras

Ciudad Prohibida Bajo el Agua.

Madain Saleh

Pompeya

Naqsh i-Rustam   Lago Titicaca

Obscuridad que resplandece

Catalhoyuk-4

Teotihuacan 4

Pumapunco 4

Templo de Bayón

ERA DEL CONOCIMIENTO

Todo

Tiene

Su

momento

$$\mathscr{P}arte\ \mathscr{U}no$$

Pu

Aquí iniciamos con la Era de la conciencia, del CONOCIMIENTO de esa conciencia, no en todos porque, también como la luz llegó de a poco. En la medida que van a ir conociendo de cada uno sus vidas, van a ir entendiendo la dimensión de cada vida aquí plasmada. PU, era irracional.

Sus obras

Escaleras sin Fin

Cupilco

Obscuridad que resplandece

Templo de Kailasanaihar-2

Parte Dos

Nupu

inmenso, rubio, guapo y bueno. Solo veía ayudar. Vivian a la intemperie y totalmente irracionales, se apareaban con la hembra que tenían a su alcance y tuvo hijos sin contar y seguían con la ingesta de cadáveres, pero NAPU no, él solo verduras y raices.

Obscuridad que resplandece

Sus obras

Mahabalipuram

Obelisco de Axum

Figuras –

Geroglificos

Templo de Bayón

Titicaca

Mausoleo de Belavi

Obscuridad que resplandece

Cueva Er Wangdong

Cueva Kyautsae

Parte Tres

Ex

Sumamente bonito y más sumamente irracional, inmenso, su rubio cabello ondulado y largo. Vivía en una cueva que compartía con todos, cuando no andaba recorriendo la tierra poniendo su ayuda.

Aun comían cadáveres, pero EX no, el solo frutas y verduras.

Sus obras

Templo de Abrham

Cape Xa

Parte Cuatro

Evu

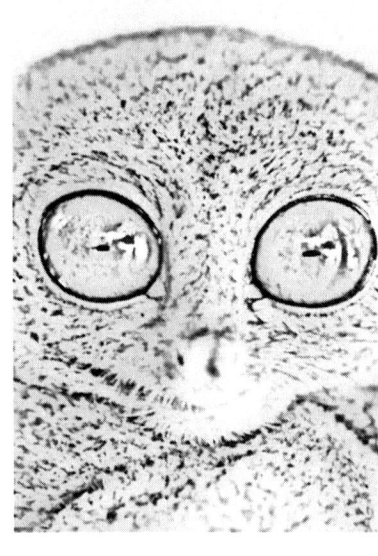

Su rostro
era similar,
ojos
inmensos,
rostro
redondo,
labios muy
finos y nariz
bonita.

Obscuridad que resplandece

Sus obras

Isla Caprera

Dolmen de Soto Triguero

Ruinas de Port Royal

Catalhoyuk-5

Obscuridad que resplandece

Teotihuacan 5

Maeshowe

EPILOGO

Hasta aquí las diferentes Eras y sus estares, no completo porque es casi imposible, pero si para poder diferenciar y continuar después con los motivos de cada una de esas construcciones, puestas aquí de forma esporádica; y, con el objetivo de ir haciendo luz a la oscuridad que, hasta hoy, continúan poniendo.

La siguiente Era, la de hoy (No me corresponde poner nombre), esa que inicia como el ocaso de la anterior, o Era del Conocimiento; es un tema tan extenso que lo expondré en el siguiente libro, no sin antes poner como anuncio que van a conocer la presencia y acciones de uno de los líderes más amado de todos los tiempos, su inicio y su final.

Obscuridad que resplandece